호랑이도 풀을 먹을까?

동물_먹이 사슬

글_안현정 그림_정세연 감수_김길원

여원미디어

호랑이는 풀을 건드리지 않아.
풀은 호랑이의 먹이가 아니거든.

풀은 메뚜기의 먹이야.
메뚜기는 싱싱한 풀을 갉아 먹을 거야.

메뚜기는 개구리의 먹이야.
개구리는 풀을 갉아 먹고 통통해진 메뚜기를
긴 혀로 돌돌 말아서 삼킬 거야.

호랑이는 개구리도 건드리지 않아.
덩치 큰 호랑이가 팔딱팔딱 뛰는
조그만 개구리를 잡기란 여간 성가신 일이 아니거든.

개구리는 황새의 먹이야.
황새는 메뚜기를 먹고 배가 불룩해진 개구리를 기다란 부리로 꿀꺽 삼킬 거야.

호랑이는 황새도 건드리지 않아. 배가 무척 고프다면 모를까…
황새가 날아가 버리면 괜히 헛수고만 할 테니까.

황새는 재빠른 여우의 먹이야.
여우는 잠시 한눈팔고 있는
황새의 목을 콱 물어 낚아챌 거야.

여우의 몸속에는 호랑이의 커다란 몸집을 지탱해 줄
영양분이 잔뜩 들어 있거든.

드디어 호랑이도 배를 채웠네.
풀은 메뚜기가 먹고, 메뚜기는 개구리가 먹고, 개구리는 황새가 먹고,
황새는 여우가 먹고, 여우는 호랑이가 먹고···.

그럼, 호랑이는 누가 잡아먹을까?

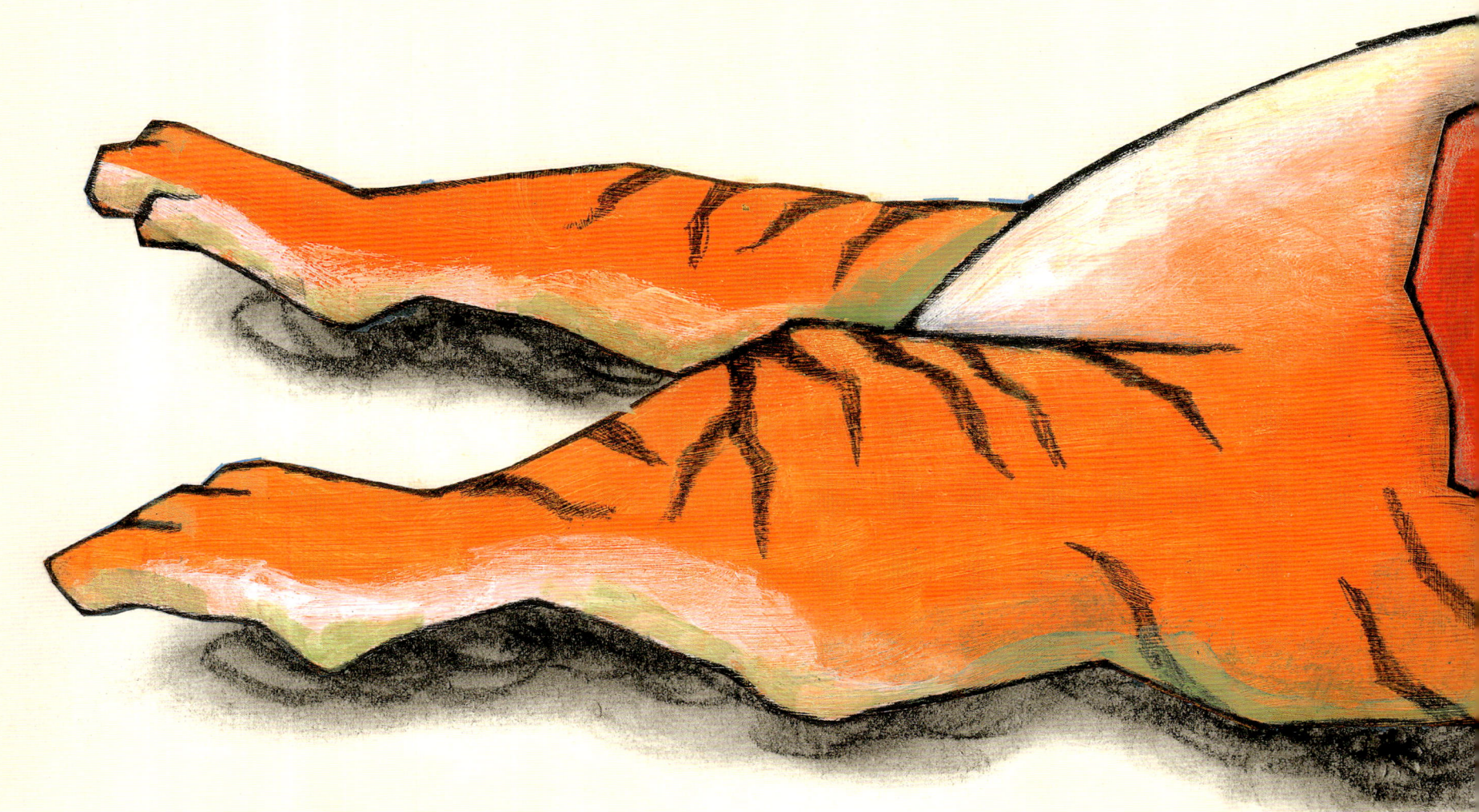

호랑이는 아무에게도 잡아먹히지 않아.
어슬렁어슬렁 깊은 숲속을 돌아다니다가 늙고 지치면
쓰러져 눈을 감을 거야.

호랑이가 죽으면, 작은 벌레와 미생물들이 몰려들어.

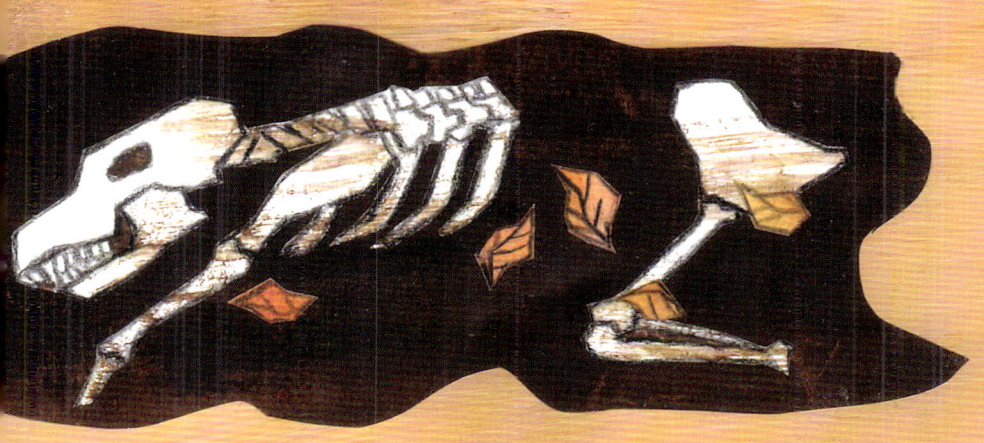

죽은 호랑이의 몸을 나누어 먹으며, 잘디잘게 부수어 놓을 거야.

잘디잘게 부수어진 호랑이의 몸은 흙이 돼.
영양분이 가득 담긴 흙. 그 흙 속에서 풀이 돋아나고,
무럭무럭 자라는 거야.

알고 보면 호랑이도 풀을 먹는 셈이야.
풀도 호랑이를 먹는 셈이고.

이렇듯 생물들의 먹고 먹히는 관계를 '먹이 사슬' 이라고 해.
사슬처럼 한 줄로 이어져 있잖아. 하지만…

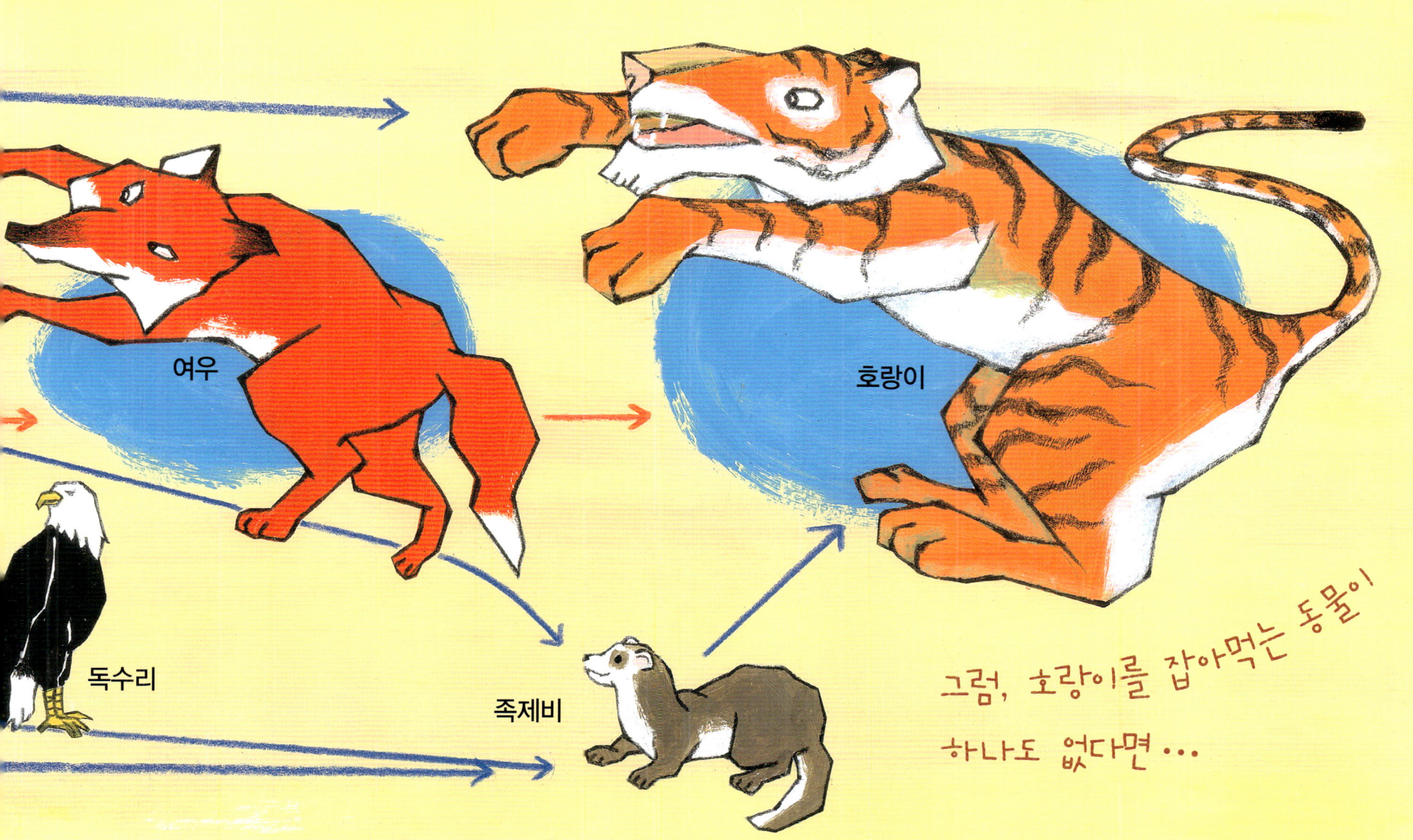

그런 걱정은 하지 않아도 돼.

호랑이가 아무리 잡아먹어도
여우나 토끼, 사슴의 수는 호랑이의 수보다
훨씬 더 많으니까.

먹이 사슬 속에 있는 생물의 수를
그림으로 그리면 피라미드 모양이 돼요.
위로 올라갈수록 생물의 수가 적어지거든요.
그래서 이런 관계를 '먹이 피라미드'라고 불러요.

5차 소비자
호랑이, 사자, 표범 등

4차 소비자
여우, 늑대, 매, 독수리 등

3차 소비자
황사, 올빼미, 뱀 등

2차 소비자
개구리, 거미, 사마귀, 도마뱀 등

1차 소비자
메뚜기, 나비, 벌, 지렁이 등

메뚜기부터 호랑이까지
곤충이나 동물은 스스로 영양분을 만들지 못해요. 다른 생물들이 만든 영양분을 먹고 살기 때문에 '소비자'라고 불러요.

식물
식물은 태양 에너지를 이용해서 영양분을 만들어요. 스스로 영양분을 만들기 때문에 '생산자'라고 불러요.

만약에 호랑이가 없어지면 어떻게 될까?

호랑이가 없어지면 여우가 많아지고,
여우가 많아지면 황새가 없어지고,
황새가 없어지면 개구리가 많아지고,
개구리가 많아지면 메뚜기는…

휴, 마지막에는 아무도 살아남지 못할 거야.

먹이 사슬은 서로 긴밀하게 연결되어 있어요.
한 생물이 갑자기 멸종해서 먹이 사슬이 끊어지면,
다른 동물들도 먹이를 제대로 먹을 수가 없지요.
그렇게 되면 생태계에 큰 문제가 생긴답니다.

호랑이, 여우, 황새, 개구리, 메뚜기, 풀까지…
먹고 먹히는 먹이 사슬은 서로에게
영양분을 나누어 주는 길이야.
그래서 모든 생명은 더불어 사는 거란다.

호랑이도 풀을 먹을까?

김길원(서울대 생명과학부 교수)

호랑이는 여우를 잡아먹고, 여우는 황새를, 황새는 개구리를, 개구리는 메뚜기를 잡아먹습니다. 그리고 메뚜기는 풀을 갉아 먹지요.

개구리는 메뚜기의 천적입니다. 황새나 뱀은 개구리의 천적이고, 호랑이는 여우의 천적입니다. 많은 동물에게는 그들을 잡아먹으려고 공격하는 다른 동물이 있습니다. 이런 동물을 '천적'이라고 합니다. 먹고 먹히는 이들의 관계는 생물이 살아가는 환경인 생태계가 건강하게 균형을 유지하는 데 아주 중요합니다.

생물은 자라고, 생명을 유지하고, 번식하기 위해서 영양분이 필요합니다. 필요한 영양분을 얻기 위해서 동물들은 식물이나 다른 동물을 먹어야 합니다. 이렇게 생물들이 먹이를 중심으로 이어지는 관계를 '먹이 사슬'이라고 합니다.

식물의 경우는 다르지요. 녹색 식물은 빛 에너지를 받아들여, 물과 이산화탄소 등의 무기물을 가지고 동물이 먹을 수 있는 영양분을 만듭니다. 이를 '광합성'이라고 합니다. 녹색 식물은 광합성을 통해서, 다른 생물을 잡아먹지 않고 스스로 영양분을 만들 수 있답니다. 그래서 우리는 그들을 '생산자'라고 부릅니다. 그리고 생산자들이 만들어 놓은 영양분이나 다른 동물들을 먹고 사는 생물을 '소비자'라고 부르지요. 또 생태계에는 동물의 똥이나 죽은 동식물에게서 필요한 에너지와 영양분을 얻어서 살아가는 '미생물'이 있습니다. 이런 미생물은 영양분을 식물이 이용할 수 있는 형태로 바꾸어 놓아 흙을 기름지게 만드는 중요한

역할을 합니다. 그래서 이들을 '분해자'라고 부릅니다.

태양에서 온 에너지는 영양분의 형태로 식물에서 메뚜기, 사슴, 소 등과 같이 식물을 먹고 사는 초식 동물에게로, 초식 동물에서 다른 동물들을 잡아먹고 사는 육식동물에게로, 육식 동물에서 분해자인 미생물에게로, 그리고 다시 식물에게로 돌아갑니다. '에너지의 순환'이 일어나는 것이랍니다.

생물들의 먹고 먹히는 관계가 사슬처럼 꼭 한 줄로 늘어서 있는 것은 아닙니다. 호랑이가 여우만 잡아먹는 것은 아니니까요. 개구리도, 황새도 때때로 호랑이의 먹이가 될 수 있습니다. 먹고 먹히는 관계가 그물처럼 서로 얽혀 있는 모양을 하고 있지요. 그래서 먹이 사슬이란 말 대신에 '먹이 그물'이란 말을 사용하기도 합니다.

천적 동물의 수가 너무 많아지면 먹이 동물의 수가 급격히 줄어듭니다. 먹이 동물의 수가 적어지면, 그들을 먹고 사는 동물의 수도 또다시 줄어든답니다. 먹이 사슬에서 호랑이를 잡아먹고 사는 동물은 없답니다. 천적이 없으면 호랑이가 많이 살아야 할 것 같지만, 사실 지구상에 살고 있는 호랑이는 그리 많지 않답니다. 왜 그럴까요? 한동안 사람들이 고기와 가죽을 얻고, 약을 만들기 위해서 호랑이를 사냥했기 때문입니다. 그리고 호랑이들의 먹이가 되는 여우나 멧돼지, 사슴 등과 같은 동물들이 옛날처럼 많지 않기 때문이기도 하지요.

생물들의 먹고 먹히는 관계는 자연스러운 일입니다. 이런 먹이 사슬을 통해서 에너지와 영양분이 잘 순환하는 건강한 생태계가 유지될 수 있답니다.

글을 쓴 안현정 님은 대학에서 국문학을 전공하였고, 제1회 옥랑희곡상을 수상하면서 등단하였습니다. 지금은 연극·뮤지컬 대본 및 시와 동화 작업을 활발히 하고 있습니다. 〈어둠아기 빛아기〉〈선인장〉〈크리스마스 캐롤〉〈노틀담의 꼽추〉 등의 작품을 썼습니다.

그림을 그린 정세연 님은 이화여자대학교에서 동양화를 전공하였습니다. 출판미술대전에 당선되어 일러스트레이션을 시작하였습니다. 〈형아가 되었어요〉〈톰소여의 모험〉〈어린 왕자〉 등에 그림을 그렸습니다.

감수를 한 김길원 님은 한국교원대학교 생물교육과를 졸업하고, 프랑스 낭시대학교에서 동물행동학으로 박사 학위를 받았습니다. 미국 위시콘신대학교 연구원으로 근무하였고, 지금은 서울대학교 생명과학부 BK교수로 학생들을 가르치고 있습니다. 지은 책으로는 〈동물의 새끼 기르기〉〈동물의 집짓기〉〈동물의 이동〉 등이 있습니다.

동물_먹이 사슬 호랑이도 풀을 먹을까?

글_ 안현정 그림_ 정세연 감수_ 김길원

펴낸이_ 김동휘 **펴낸곳_** 여원미디어(주) **출판등록_** 제406-2009-0000032호
주소_ 경기도 용인시 기흥구 고매로 220 **서울 사무소_** 서울특별시 금천구 벚꽃로 234, 1103호
전화번호_ 080 523 4077 **홈페이지_** www.tantani.com
제작책임_ 안정술
기획·편집·디자인 진행_ 글그림 기획_ 이기경 김세실 안미연 **편집_** 이연수 **일러스트 디렉팅_** 김경진 **디자인_** 이경자
공급원_ 도서출판 대원 · 전주시 완산구 고사평1길 22 · 070-7743-6999

ISBN 978-89-6110-656-6(74080)   ISBN 978-89-6110-631-3(세트)

Animals_Food Chain   Do Tigers Eat Grass?

"Do tigers eat grass?" Starting with this question, find out what is on top of the food chain and what is the next step by step. This will give you a better understanding of how the food chain works in nature.

이 책에 실린 글과 그림의 무단 복제 및 전재를 금합니다.

지구상에는 100만 종이 넘는 동물이 살고 있습니다. 이들은 지금껏 살아 있다는 것만으로도 충분히 위대합니다. 오랜 세월 동안 숱한 어려움을 이겨 냈으니까요. 주어진 환경에 적응하며 살고 있는 동물들과 그들의 세계를 살펴봅니다.

동물

- 생물과 무생물
- 먹이 사슬
- 태생과 난생
- 동물의 모습
- 동물의 성장
- 동물의 위장
- 고향을 찾아서
- 동물의 서식지
- 동물의 집짓기
- 동물의 의사소통
- 동물의 수면
- 동물의 겨울나기
- 먹이 구하기
- 아기 키우기

환 경
- 숲
- 강
- 갯벌
- 바다
- 땅
- 멸종동물
- 환경보호
- 재활용
- 인간과 도구

우 주
- 지구의 탄생
- 지구의 모습
- 날씨
- 지구의 움직임
- 암석
- 태양계
- 달
- 별의 일생
- 우주 탐사

인 체
- 우리 몸
- 탄생과 성장
- 감각기관
- 소화기관
- 운동순환기관
- 건강함이란

둘 리
- 물질의 성질
- 물질의 상태 변화
- 공기
- 시간
- 소리
- 중력
- 여러 가지 힘
- 빛과 색
- 전기
- 도구의 원리

식 물
- 식물의 위상
- 식물의 성장
- 식물의 번식
- 식물의 생존
- 식물의 일생
- 먹는 식물들
- 식물의 재배

호랑이도 풀을 먹을까?